AF338564

SOCIÉTÉ D'AGRICULTURE

COMMERCE, SCIENCES ET ARTS

DU DÉPARTEMENT DE LA MARNE.

NOTICE BIOGRAPHIQUE

SUR

M. Charles PERRIER,

Membre correspondant,

Par M. Ch. GILLET, *secrétaire.*

Messieurs,

Les Sociétés académiques peuvent rarement admettre
dans leurs rangs des hommes encore très jeunes, non
parce qu'elles manquent de sympathie pour la jeunesse,
il s'en faut de beaucoup, mais c'est que pour remplir les
conditions d'admission, les candidats sont obligés de pro-
duire des travaux qui ne sont pas ordinairement le
fruit d'un âge voisin de l'adolescence.

Cependant la Société académique du département de la
Marne a pu, au moins une fois dans le cours de son
existence, s'attacher un jeune homme de 22 ans, qui avait

rempli, et au-delà du strict nécessaire, toutes les conditions d'admission; c'était M. Ch. Perrier, nommé membre correspondant de votre Société le 1er décembre 1857.

Le jeune Perrier devenait par l'élection le collègue de ses deux oncles MM. Joseph et Eugène Perrier, que vous avez plusieurs fois appelés aux fonctions de secrétaire et de président. Vous vîtes avec plaisir entrer au milieu de vous un nouveau membre, dont vous espériez une longue et précieuse coopération.

Vos espérances étaient fondées sur les considérations en apparence les plus certaines. Mais les espérances humaines, quoiqu'elles semblent à notre prévoyance bornée les plus légitimes et les mieux appuyées, ne sont souvent rien dans le plan de la Providence, qui, à l'égard des hommes, compte plutôt la qualité des actions que le nombre des années.

M. Ch. Perrier, né à Châlons, le 4 juillet 1835, était fils de M. Perrier-Barrois, l'un des honorables négociants de Châlons, qui, connaissant toute la valeur d'une bonne éducation, ne négligea rien pour former l'intelligence de son fils, et lui faciliter des études nombreuses et variées. Les soins du père ne furent pas infructueux, et le fils, plutôt trop zélé que trop lent au travail, avait, à 17 ans, terminé ses études classiques. Dès ce moment, il eut pu se livrer à des loisirs faciles. Il n'en fit rien ; au contraire avec le régime classique, ou la prudence des maîtres fait sagement alterner le travail et le repos, disparurent pour M. Ch.

Perrier les congés et les vacances, dont les jeunes gens profitent pour ménager le travail de l'intelligence en prodiguant les exercices physiques.

M. Ch. Perrier pût donc en toute liberté se livrer à son amour du travail, et lorsque suivant les traditions d'une grande éducation, il alla en Allemagne, en étudier la langue, les mœurs, les lettres, les sciences, il ajouta quelque chose au programme qu'il s'était tracé, il y ajouta l'étude des beaux-arts.

Il était à Munich lors de l'exposition artistique qui eut lieu dans cette ville en 1854.

La capitale de la Bavière était devenue depuis 1815, sous l'impulsion du roi Louis, un des centres les plus importants de l'Allemagne, sous le rapport du mouvement des lettres et des arts. M. Perrier y trouva réunis des éléments d'études nombreux et de grande valeur; il se mit en rapport avec des artistes distingués, de sorte qu'il put juger au point de vue de l'art, et les hommes et les œuvres. Il fit une revue de l'exposition d'une manière assez remarquable, pour qu'un journal artistique de Paris (1) fut heureux de publier ce travail d'un auteur qui lui était complétement inconnu.

Cet écrivain qui débutait par une œuvre de mérite, ne s'était pas borné à faire un compte rendu des objets d'art exposés, il avait fait en même temps l'histoire de l'école

---

(1) L'*Artiste*, journal des beaux-arts.

artistique de Munich et une étude de l'art allemand en général.

Je ne puis, Messieurs, résumer devant vous cette excellente étude; je vous demande seulement la permission de citer quelques lignes qui vous feront connaître les opinions, les principes de notre collègue, en matière d'art.

« Le but de l'art, dit-il, est de faire sentir à l'âme
» humaine la beauté infinie, éternelle, immuable. Si le
» beau est ce qui plaît aux sens par la proportion, la
» splendeur, l'harmonie, il est encore plus ce qui plaît
» à l'âme par l'expression morale qui s'y révèle. L'ex-
» pression, voilà l'idéal que tout artiste, digne de ce nom,
» doit poursuivre (car c'est l'âme qui soutient le squelette
» et les chairs), elle ne peut naître que de l'inspiration,
» c'est le souffle de Dieu dans nos cœurs, le lien invisible
» et mystérieux qui rattache l'âme à la source de toute
» beauté, à Dieu. »

Ces pensées aussi nobles que justes, sont exprimées par un jeune homme de 19 ans, qui vient à peine d'achever ses études, et qui se trouve tout à coup en face d'une des grandes exhibitions des produits de l'art humain, si imposantes pour tout le monde, mais surtout pour celui qui les voit pour la première fois.

Tous les genres de peinture se déroulaient sous les yeux attentifs de M. Perrier, tous suivis avec plus ou moins de bonheur. Il remarqua avec justesse que le genre religieux était celui dont les artistes s'occupaient avec le moins de succès ; la cause de ce fait ne pouvait lui échapper, il la constatait en ces termes :

« La peinture religieuse comme l'ont entendue les grands
» maîtres est loin d'être accessible à tous les talents, elle
» ne souffre ni la médiocrité ni le doute, elle exige l'em-
» ploi constant de tout ce que l'artiste a de foi et de génie.
» Le génie sans la foi est insuffisant. »

Tels étaient les principes d'esthétique sur lesquels M. Ch. Perrier s'appuyait pour juger les peintres allemands les plus célèbres, tels que Cornelius de Berlin, Overbeck et Kaulbach de Dresde.

Ces principes ne sont pas seulement applicables aux peintres allemands, ils conviennent aux artistes de tous les pays et de tous les temps.

Il n'y a rien de plus facile que l'erreur ou que l'égarement en fait d'appréciation d'œuvres d'art, il n'y a rien de plus commun que les critiques légères ; tout le monde se les permet, en ramenant les tableaux qu'on examine à un goût particulier et même à l'absence de goût. Pour ne point laisser égarer son jugement en cent manifestations diverses, il faut avoir les principes de la science du beau solidement établis, puis se servir de ces principes comme règle de jugement et comme d'un *Criterium* invariable à l'aide duquel on marche, d'un pas assuré, dans la voie de l'examen.

M. Ch. Perrier, ainsi que nous le voyons, avait une excellente méthode d'appréciation servie par un goût éclairé.

Ses études sur le salon de Munich en 1854 et sur l'art allemand, aimées des lecteurs, estimées des amateurs, devaient l'obliger, pour ainsi dire, à ne point s'arrêter à cette première production.

Noblesse oblige, dit l'adage ancien, répété avec raison dans les temps nouveaux; il en est de même du mérite, il constitue une obligation, M. Perrier s'en aperçut, quand en 1855, les directeurs du journal *l'Artiste*, lui confièrent la très difficile mission de faire la revue des beaux-arts à l'exposition universelle de Paris; il sentit toute la responsabilité morale qui allait peser sur lui et il ne crut pas devoir s'y soustraire.

Jamais dans l'histoire artistique du monde on n'avait vu pareil spectacle; jamais semblable panorama de tableaux, de statues, d'œuvres d'art, ne s'était déroulé aux yeux d'une population immense, curieuse et en même temps d'un goût difficile; jamais pareille tâche n'avait été imposée à aucun critique d'art même parmi les plus éprouvés par l'habileté, l'expérience et la science; cependant cette tâche incombait à un critique de 20 ans.

Il fallait juger les écoles de tous les pays, toutes leurs variétés, leurs nuances, juger les adhérents de tel ou tel système, et ceux aussi qui, ne relevant d'aucune école, d'aucun maître, d'aucun système, prétendent ne relever que de leur talent et de leur génie.

M. Ch. Perrier fut à la hauteur de toutes ces difficultés, et il exécuta ce grand travail, je dirais presque cette grande campagne, avec toute la fermeté, tout le talent des plus anciens et des plus autorisés de ses collègues et de ses émules.

Ces nouveaux succès créaient une nouvelle obligation de continuer le même ordre de travaux pour le salon de 1857. Mais alors M. Ch. Perrier voulut donner à ses observations, à ses nouvelles études, un but bien difficile à atteindre. Il avait examiné les œuvres d'art aux expositions précédentes au point de vue de leur signification actuelle, et il avait ajouté autant que possible des considérations historiques relatives aux artistes et à l'art ; une grande partie de ces études avaient été rétrospectives, il voulut examiner le salon de 1857 au point de vue de l'avenir.

« L'exposition de 1855, disait-il, avait dû être con-
» sidérée plutôt comme un coup-d'œil rétrospectif jeté
» sur le passé que comme le commencement d'une œuvre
» nouvelle. Au contraire, c'est l'avenir seul que nous
» allons interroger désormais, et cet avenir est aujour-
» d'hui plein de promesses. »

Ces paroles, par lesquelles M. Perrier exposait son but, sont peut-être le meilleur résumé qu'on puisse faire de ce nouvel ouvrage où il rencontra, sous certains rapports, plus de difficultés que dans ses autres travaux.

En effet, si l'appréciation d'une œuvre d'art est toujours chose très délicate, il est bien autrement difficile de déterminer quelle place cette œuvre tiendra dans l'avenir, il est bien plus périlleux encore de prédire quels succès ou quels insuccès attendent les artistes, quels sont les prédestinés à l'oubli ou les prédestinés à la postérité, ou bien encore, quel est parmi les nombreux débutants du jour, celui qui doit devenir un maître.

L'œuvre de M. Perrier est trop récente pour qu'on puisse savoir si ses jugements ont porté juste et si ses prévisions se réaliseront. Le temps seul en décidera. On peut cependant dire aujourd'hui que c'est toujours le même talent d'écrivain, c'est le même amour de l'art, mais c'est peut-être un peu plus, sauf erreur de notre part, l'amitié pour les artistes.

Quoique les principes de M. Perrier soient toujours les mêmes, cependant il paraît moins libre, moins osé pour en tirer les conséquences et surtout pour les appliquer.

On sent que beaucoup de jeunes artistes sont ses amis, et il est bien difficile que l'amitié, toujours présente aux délibérations, très attentive au prononcé du jugement, n'en modère pas la rigueur ou n'en augmente pas la faveur. Il est si agréable de dire du bien de ses amis.

Notre jugement humain peut-il planer au-dessus des œuvres de l'art, pour les voir comme un regard divin voit les œuvres humaines? Hélas! nous sommes des hommes, nous sommes faibles par quelque côté, et l'infaillibilité est pour nous impossible. Néanmoins, restons attachés à cette théorie de l'indépendance dans la vérité, parût-elle, à cause même de sa beauté et de sa grandeur, presque impraticable.

M. Ch. Perrier était de notre avis, et nous serions d'accord aujourd'hui, s'il n'était pas au-dessus de nos préoccupations humaines.

En effet, nous le voyons à la première occasion ressaisir toute son indépendance, toute la liberté de ses jugements; ce fut à l'exposition de Munich, de 1858, où il retrouva les maîtres de 1854, Cornelius, Kaulbach et autres.

Quatre années s'étaient écoulées depuis le premier séjour de M. Perrier à Munich, ce temps avait été mis à profit par le jeune critique; aussi dans sa nouvelle étude de l'art allemand on trouve une plus grande expérience, une plus grande sûreté. Ce nouveau travail fut publié par la Revue contemporaine, qui n'ouvre ses colonnes qu'à des écrivains de talent. La même revue publia en 1858 un autre travail de M. Ch. Perrier; c'était une étude complète des œuvres d'*Ary Scheffer*, qui venait de mourir. Ce peintre, dont les œuvres principales sont *les femmes soulioles*, *le Dante et Virgile* rencontrant aux enfers l'ombre de Francesca de Rimini, la légende de *Faust et Marguerite*, jouissait d'une renommée incontestable pour les uns et contestée par les autres; à cette époque, où la postérité commençait pour lui, tous les journaux, toutes les revues, tous les recueils publièrent des études sur sa vie et sur ses œuvres; parmi toutes ces études, la monographie d'Ary Scheffer, par M. Ch. Perrier, est restée une des plus complètes, des plus exactes et des mieux faites.

L'esprit de l'écrivain, en telle circonstance, est délivré de la crainte de nuire aux intérêts d'un artiste, de faire obstacle, même involontairement, à sa marche dans une carrière difficile. On a seulement un passé à étudier, des jugements à porter ; les conseils pour l'avenir sont inutiles.

M. Perrier vous avait déjà donné des preuves de son aptitude à rendre justice aux artistes qui ne sont plus, à ceux qui malgré leur mérite ne laisseraient presque point de souvenirs, si une main amie et dévouée ne réparait la négligence d'un monde trop oublieux.

Je veux parler de la notice sur la vie et les œuvres du *Chevalier de La Touche*, artiste châlonnais, mort en 1781 ; cette notice insérée dans vos mémoires de 1857, vous fut offerte par M. Ch. Perrier.

Le chevalier de La Touche avait été un peintre célèbre, non-seulement à Châlons, mais encore dans un rayon beaucoup plus étendu ; et il était digne de sa célébrité. Cependant son souvenir allait en s'affaiblissant et menaçait de disparaître, lorsque M. Perrier voulut le faire revivre.

« Aujourd'hui, dit M. Perrier, Paris absorbe tout. Etre
» célèbre à Paris, c'est être célèbre dans le monde
» entier. Malheur à celui que sa destinée condamne à
» la stérile admiration de sa ville natale. Une célébrité
» locale est si peu de chose pour un artiste. Pendant sa
» vie, l'estime de ses compatriotes ne le met pas à l'abri
» de l'envie. Il a tous les déboires de la célébrité sans en
» avoir la jouissance. Sa réputation est juste assez grande

» pour lui attirer des ennemis. Il meurt, l'envie s'arrête
» au bord de sa tombe; mais ce n'est que pour faire
» place à l'oubli. »

Telle fut la situation à laquelle M. Ch. Perrier voulut
arracher la vie et les œuvres du chevalier de la Touche;
il a atteint son but par cette notice si complète, et en
même temps si précise qu'elle échappe à l'analyse; il a
fait connaître notre compatriote non-seulement comme
artiste, mais encore comme penseur, comme moraliste et
comme écrivain.

Ces travaux, quoique très nombreux, n'étaient pas les
seuls que poursuivit M. Perrier; ils ne suffisaient pas
à son besoin d'études, ils n'avaient ni empêché ni retardé
ses études de droit, si arides pour les uns, si utiles pour
les autres, mais toujours belles, parce qu'elles rappellent
ces grands principes d'équité et de justice qui sont la
sauvegarde des citoyens et l'honneur des peuples. La
partie philosophique de ces études devait plus particuliè-
rement plaire à votre jeune collègue; il les poursuivit
assez rapidement pour être reçu licencié en droit en 1859.
Il eut ensuite l'honneur d'être admis parmi les membres
du barreau de Paris, compagnie aussi illustre de nos jours
qu'elle le fût jamais dans les temps passés.

Le moment était venu où M. Ch. Perrier allait entrer
dans une carrière où les fonctionnaires, non-seulement
servent leur pays, mais sont en outre ses représentants
dans les relations politiques; en 1859, il était nommé atta-

ché d'ambassade à Rome. Dans ce poste où de grandes occupations ne devaient pas lui manquer, ses qualités naturelles fortifiées par l'étude, son assiduité au travail, le firent estimer de ses collègues et apprécier d'une manière très honorable par ses supérieurs.

Mais déjà la maladie à laquelle il devait succomber lui avait fait sentir ses premières atteintes, sans cependant retarder d'un seul instant son départ pour Rome, et sans affaiblir son dévouement à ses nouvelles fonctions.

Le repos eut été nécessaire, le retour au pays natal était conseillé, mais trop de raisons parlaient au cœur du jeune attaché pour qu'il écoutât la voix de la prudence.

Il lui était impossible de s'éloigner de la ville éternelle où sont abritées tant de merveilles de l'art; comment quitter cette ancienne capitale du monde romain, la capitale du monde catholique, où tant de souvenirs historiques et religieux vous attachent, quand on pouvait prévoir que bientôt l'attention de l'univers allait de nouveau se fixer sur elle. Il paraissait impossible à M. Charles Perrier de quitter le service de la France dans des circonstances d'une si haute importance. Toutes ces considérations faisaient oublier le mal, mais l'oubli n'en arrêtait pas les progrès.

Il vint un moment où la force de la volonté fut impuissante à dominer la souffrance, il fallut céder aux conseils bienveillants de chefs respectés, et revenir en France chercher les secours de la science, revenir à Châlons au milieu de la famille, où les effusions de l'amour paternel eussent détourné le mal, si l'amitié de la famille pouvait être un infaillible moyen de guérison.

Tout ce concours de dévouements et d'amitiés, parut rappeler à la santé M. Ch. Perrier, et pendant plusieurs jours un peu de joie remplit le cœur de ses chers parents dont l'amour et la tendresse se rattachaient aux lueurs de l'espérance.

Mais ce temps fut trop court, c'était un délai que la Providence accordait à M. Ch. Perrier pour qu'il pût faire ses derniers adieux à ses amis, à ses parents, pour qu'il essayât de préparer son père, sa mère, à une cruelle séparation, grande épreuve à laquelle les parents ne se préparent jamais.

Le 29 novembre 1860, la douleur de toute une famille, le désespoir des parents marquèrent l'instant terrible où l'âme de l'homme se détache de la terre et paraît devant Dieu.

Une vie exemplaire, qui fait tout espérer de la bonté divine, une fin chrétienne auraient dû apaiser la douleur paternelle si la douleur réfléchissait.

Mais, Messieurs, ces pensées que nous pouvons exprimer aujourd'hui devant les familles de nos collègues regrettés, sont obscurcies par le désespoir dans les tristes moments de la mort. Le temps seul peut faire comprendre aux cœurs affligés, que la séparation n'est pas complète, la vie immortelle ne rompt pas la chaîne des souvenirs;

souvent dans les veilles, dans le sommeil nous voyons apparaître l'image de ceux que nous avons aimés ; à cette vision de l'intelligence il manque un corps, il est vrai, mais l'âme reste, l'âme qui relie l'homme à Dieu par ces liens indestructibles, l'amour et l'immortalité.

Châlons-sur-Marne. — Typ. H. Laurent.